庄子故事

活好自己
不跟人比

易中天 著　胡永凯 绘

浙江文艺出版社
Zhejiang Literature & Art Publishing House

果麦文化 出品

木匠的道理

庄子有点无厘头，他反对读经典。

且听他讲的故事。

某次，齐国的君主桓公在堂上读书，一个名叫轮扁的木匠在堂下干活。他看见桓公手不释卷，就放下工具走上前去说：请问主公读的是什么？

桓公说：都是圣人之言。

轮扁问：圣人还健在吗？

桓公答：已经死了。

轮扁说：那么主公读的不过是糟粕。

桓公勃然大怒。他说：国君读书也是你这木匠可以妄议的？讲不出道理来，寡人弄死你！

那木匠便开始讲他的道理。

轮扁说：比如小人做车轮，怎么用料怎么安装是可以教给徒弟的。但是怎样才能恰到好处，保证车子跑得又快又耐用，可就只能凭感觉，儿子都学不会。

所以我七十岁了，还得亲自动手。

活人都教不了活人，死人的话又有什么用？

这个故事，记载在《庄子·天道》。

照这么说，经典是没有意义的？

然而庄子这故事却相当经典。

反对经典的居然成了经典，实在让人犯糊涂。那么请问，各种名著，比如像《庄子》这样的，究竟是有意义呢，还是没有？我们是应该读呢，还是不读？

当然要读，只不过得会读。

会读就是不要纠结字面的意思，甚至未必一定要弄清楚《庄子》在说什么，关键在于自己能够有所领悟和体会。实在没有，听听故事就好。

那个老头可是很会讲故事。

目录

鱼的故事

我的人生与你无关

桥下一条鱼，
沟里两条鱼。
大江大海里，
好多好多鱼。

它们到了陆地，
你也来帮我，
我也来帮你。

它们到了水里，
你不认识我，
我不认识你。

快乐的鱼

有一次，庄子在桥上看风景。

那天的天气应该很好吧？也许春暖花开，也许秋高气爽，风儿吹过脸颊就像亲吻，庄子心情很不错。那时也没有工业污染，没有雾霾，河水想必非常清澈。站在桥上的他，可以清楚地看见水里的鱼在游。

于是庄子便说：你看那浪里白条，从从容容地游来游去，这就是鱼的快乐啊！

站在旁边的惠子却不同意。

惠子就是惠施，是庄子的朋友和辩论对手。只不过在《庄子》这本书中，每次他都是输家。

这回好像也一样。

惠子说：你又不是鱼，哪里知道鱼的快乐？

庄子说：你又不是我，哪里知道我不知道？

惠子说：我不是你，当然不可能知道你；所以你不是鱼，当然不会知道鱼。这就都讲通了嘛！

确实都讲通了。

庄子却说不对不对，要从头来。

他问惠子：刚才你是怎么说的？

怎么说的呢？

原文是：

子非鱼，安知鱼之乐？

子，是尊称，可以翻译为先生。

安，可以翻译为哪里。

安知，就是哪里知道。

于是庄子说，刚才，你问什么？你问我“哪里知道鱼的快乐”，对不对？好吧，那我现在告诉你：我就是在这里，在这座桥上知道的。

哪里？哼，这里！

而且，庄子还说：你这样问，就说明你已经知道我知道鱼的快乐，只不过不清楚我从哪里知道罢了。

然后呢？

对不起，没有然后。

因为在《庄子》书中，惠子每次都是输家。

但是，好像不对劲呀！

当然。

实际上，作为疑问词，安有两种解释。

一种是：怎么，怎么可能。

比方说“燕雀安知鸿鹄之志哉”这句话，翻译过来就是：燕子和麻雀怎么可能知道鸿鹄的志向呢！

另一种是：哪里，什么地方。

比方说“皮之不存，毛将安傅”这句话，翻译过来就是：皮都没了，毛又能附着在什么地方呢？

那么，子非鱼，安知鱼之乐，该怎么翻译？

你不是鱼，怎么可能知道鱼快乐？

庄子却回答：我是从濠水之上知道的。

答非所问啊！

当然，而且是偷换概念。

不信请看前面的对话：

惠子曰：子非鱼，安知鱼之乐？

庄子曰：子非我，安知我不知鱼之乐？

这段对话翻译过来就是：

惠子说：你又不是鱼，哪里知道鱼的快乐？

庄子说：你又不是我，哪里知道我不知道？

很清楚，这里的“哪里知道”（安知）是“怎么可能知道”的意思。而且，庄子说“子非我，安知我不知鱼之乐”时，他对“安知”的理解跟惠子一样。

岂止理解相同，这理解还成了逻辑前提。

前提就是，A 不是 B，有没有可能知道 B？

惠子认为不可能。于是庄子反驳：好吧，既然我不是鱼，就不可能知道鱼是否快乐。那么请问，你也同样不是我，又怎么可能知道我知不知道鱼的快乐？

这虽然有点绕，却在理。

所以，惠子要顺着说下去。

顺下去的结果是庄子落下风：惠子不是庄子，因此不知道庄子是否知道；庄子不是鱼，因此也不知道鱼是否快乐。于是A不是B就不可能知道B的结论依然成立。庄子便只好偷换概念，把“安”的意思从“怎么可能”变成了“什么地方”，蛮不讲理地将辩论拦腰斩断。

其实，这两人一开始就不在同一频道。庄子说“出游从容，是鱼之乐也”云云，不过是因为当时他自己很快乐很悠闲，这才觉得那些鱼儿也很快乐悠闲。实际上那些鱼自己是什么感觉，还真没人知道。

但，你不觉得这很有趣吗？

是的，因为这就叫：

移情

什么是移情？就是在面对一个事物时，不知不觉将自己的情感移入对象。比如杜牧的诗：

蜡烛有心还惜别，替人垂泪到天明。

谁都知道，蜡烛其实无心，也不会替人垂泪，却不会有人认为这诗有什么不对。情人眼里出西施，仇人眼里出恶鬼。自己哭成了泪人儿，便看着蜡烛也像。

这就是移情。

移情甚至可以是双向的，比如辛弃疾的词：

我见青山多妩媚，料青山见我应如是。

哈哈，青山也像人一样。

这是一种**审美的态度**。

有此态度，则万物无不有灵。

也无不有情。

还无不有趣。

这样看，惠子反倒是煞风景的。

庄子也只好不跟他啰唆。

但是那强词夺理，却表明了他的态度：

我的人生与你无关。

所以，你就别问我怎么知道的了。

反正，**人活着，要开心**。**开心就好**。

为什么开心，别问！

要问，也问你自己。

本节故事见《庄子·秋水》
燕雀安知鸿鹄之志哉，见《史记·陈涉世家》
皮之不存，毛将安傅，见《左传·僖公十四年》
杜牧诗见《赠别二首》其二
辛弃疾词见《贺新郎》

路上的鱼

快乐的庄子实际上麻烦多多。

最麻烦的是他没有钱。其实，照理说庄子原本应该有钱的。他的名字叫周，全名庄周，当过宋国蒙地（今河南商丘）的漆园吏。我们不清楚，这个漆园是地名呢还是园名，只知道没过多久他就不干了。

不做漆园吏，又干什么呢？

什么都不干，当吃瓜群众。

这也不错，问题是没有钱。

没钱，就只好住在贫民区。

住得不好倒也罢了，麻烦的是还经常没饭吃。这就不能只是看着鱼儿们乐。看着鱼儿们虽然乐，老婆孩子却在家里哭。这时，审美是没有用的，得想办法。

办法也只能是去找有钱人借。

有一次，庄子大概实在是饿得受不了啦，便走进了侯爵府，向某位侯爵借米。

问题是，人家肯吗？

在《庄子》书中叫监河侯的这位爷，据说就是战国七雄中魏国的开国国王魏文侯，当然有的是钱。但是他也很清楚，庄周借米不就是老虎借猪吗？

还，是不可能的。

那么，是借呢，还是不借？

想来想去，决定不借。

不过，那时的贵族，说话是很委婉的。于是监河侯大大方方地说：好呀，好呀，没有问题！眼下正好在收税。等税金收上来以后，借给你三百，行吗？

庄子一听，鼻子都气歪了。

当然，读书人嘛，说话也是很委婉的。

他的办法，是讲故事。

而且，按照礼节不自称我，说自己的名字庄周。

庄子对监河侯说：庄周前往府上时，走到半路听见呼叫。回头一看，原来是一条鱼困在了干沟里。庄周便对他说：小可怜的，你过来，告诉我怎么回事。

那鱼儿说：先生，我本是东海之中随波逐流的小小臣民，现在不幸困在陆地上，眼看就要死了。先生能不能弄一小盆水来让我活下去？

庄周便说：可以，可以，当然可以！鄙人正好要到南方去见吴王和越王。到时候，我让他们把西江的水都引过来救你，你看行吗？

鱼听了庄周这话，冷笑一声说：

曾不如早索我于枯鱼之肆！

曾读如增，副词，表示简直、还的意思。

肆读如四，即商铺。

所以这句话的意思是：

那先生还不如早点到干鱼铺去找我！

监河侯听了这故事，说什么呢？

不知道。

但，如果他知道庄子的观点，应该有话可说。

哈，庄子该怎样回答？

我们又该怎样理解？

那就再看一个鱼的故事。

本节故事见《庄子·外物》

相爱的鱼

有两条鱼相爱了。

不过，是在面临死亡的时候。

那时不知为什么，泉眼干枯了，没有了源头活水的河流也渐渐地变成了陆地。烈日当头，就连云彩都没有一片，可怜的鱼在绝望之中垂死挣扎。

但，又都要把一线生机留给对方。

鱼哥哥说：妹妹你要活下去！

鱼妹妹说：哥哥你要活下去！

于是，他们俩用尽最后的力气，把身上仅存的湿气和水分吹向对方，献给对方。

由此留下一个成语——

相濡以沫

好感人啊！

太伟大了！

庄子却不以为然。

他说：唉，你们这个让人心疼的样子，还真不如在那浩瀚的江河湖泊之中，自由自在地游来游去，谁也不认识谁，谁也不用搭理谁和帮助谁啊！

这就是庄子的观点：

相濡以沫，不若相忘于江湖。

庄子说的并不错。

实际上，相濡以沫也好，见义勇为也罢，都有一个前提，那就是遇到灾难。如果根本就没有灾难，完全用不着见义勇为相濡以沫，岂不更好？

当然。

可惜这很难，没有人祸也有天灾。

何况，江河湖泊里就当真很好吗？

大鱼也会吃小鱼吧？

那么，庄子为什么还要这样说？

因为道家学派的观念就是如此。

而且这个观念，可以通过推理得出。

先问：鱼们这样相濡以沫，救得了对方吗？

救不了。

再问：救得了自己吗？

更救不了。

自己和别人都救不了，有意义吗？

当然有。事实上，无论舍己为人，还是知其不可而为之，都是一种精神。人是要有一点精神的，有精神才配被称为人。因此，尽管相濡以沫可能无济于事，也还是要去做。看到那一幕的，也还是会为之感动，会热泪盈眶，热血沸腾。真正的道德，毕竟是超越功利的。

这就是儒家的观点。

更何况，作为个体，能够在困境之中以微弱的力量相互救助，本身就很崇高也很悲壮。这种悲壮具有审美的意义，也给那无望的世界平添了希望的亮色。

庄子代表的道家却不同意，而且他们的看法也未尝没有道理：一个社会、一个时代，如果把每个个体都逼到只能相濡以沫的地步，难道还是好社会和好时代吗？

何况，希望的亮色还可能是骗人的。

所以，庄子他们坚持认为：

最好的天下，不需要拯救和救助。

那又何必自作多情？

顺其自然，就好。

实际上在《庄子》中，是这个样子：

天鹅不用天天洗澡也是白的。

乌鸦不用天天涂墨也是黑的。

黑与白都来自天然，用不着争辩胜负。

名和誉都是身外之物，犯不着当回事。

困在陆地的鱼们相互用湿气呼吸，唾沫滋润，是因为泉眼干了，哪里比得上互不相识于江湖。

那才真是我的人生与你无关。

但，如果生命不能维持了呢？

也得向侯爵借钱，请庄子给水吧！

那么，前面的故事又有什么意义？

请往下看。

本节故事见《庄子·天运》

鸟的故事

己所甚欲，也勿施于人

北海鲲鹏徐展翅，
南方凤凰正凌云。
树梢有个知更鸟，
半路有只猫头鹰。

猫头鹰在叫，
知更鸟在笑。
你问谁笑谁？
只有天知道。

吓死的鸟

一只海鸟飞到了鲁国的郊野。

鸟很大，单单头就有八尺高。

鲁是文明古国，国君也是侯爵，却从来没有见过这样新奇好看的鸟，何况它还是从海上飞来，到鲁国躲避台风的。鲁国君臣的心中，便充满感动和遐想。

啊！它那坚强的身躯一定穿过了风雨，它那明亮的羽毛一定洒满了阳光，它那展开的双翅一定担负着神圣的使命，要不然为什么不远万里来到这里呢？

总之，鲁国君臣对它喜欢疼爱得不要不要的。

于是决定，设国宴款待。

国宴设在庙堂，规格是太牢和九韶。

太牢就是至少有牛、有羊、有猪的宴席，叫作三牲齐备。如果再丰盛一点，还可以有鸡和鱼。这些肉食放在鼎里，米饭和五谷杂粮则放在簋（读如鬼）里。鼎和簋都是青铜器，只不过簋是双数，鼎是单数，周王（天子）九鼎八簋，公爵和侯爵七鼎六簋。

那只海鸟面前，就这样琳琅满目。

九韶则是宫廷音乐，演奏乐器有编钟和其他，还有合唱团伴唱，舞蹈队伴舞，金声玉振，眼花缭乱。

这就叫钟鸣鼎食，很大的排场。

然而怎么样呢？

那海鸟却死了。

怎么死的？

吓死的。

想想也是。这种场面，它哪见过？

不敢吃不敢喝，可不就死了。

好好一件事，怎么会弄成这样？

庄子说，因为他们太不把鸟当鸟。

这话幸亏没被惠子听到，他听了会狂笑的。

但在庄子那里，这话一点都不可笑。

因为他有一个观点：

一切生命都是平等的，也都是自然的。

因此，是人就要当人，是鸟就要当鸟，是什么就要当什么，包括猪、牛、马，都一样。

这一点，后面还会讲到。

把鸟当鸟，又该怎么做呢？

那就应该让它回归大自然，住在森林中，飞进沙洲里，浮在水面上，吃泥鳅和小鱼，跟蛇在一起。

这才真是善待那只海鸟。

把它当国宾招待，反倒不对。

用庄子的话说就是：

此以己养养鸟也，非以鸟养养鸟也。

己养，就是自己的生存方式。

鸟养，则是鸟的生存方式。

不要用“己养”来养鸟，就是不要按照自己的生存方式和理想追求去安排鸟的生活。

对待鸟是这样，人呢？

当然更该如此。

实际上，这里说的鸟，也可以理解为世界上所有的生命体，包括子女和学生。这里说的生存方式，也包括许多方面，比如饮食习惯和审美趣味。

庄子的故事，本来就是讲给人听的。

一个深刻的道理，也蕴藏在这里了。

什么道理？

己所甚欲，也勿施于人。

庄子说过这句话吗？

当然没有。

这层意思是我们总结出来的。

不妨再看海鸟的故事。

实话实说，鲁国那位侯爵还真没坏心，太牢和九韶在他看来也确实是最好的东西。但他一片好意换来的是什么呢？自己心爱的海鸟被吓死了。

害人害己呀！

教训深刻啊！

这就告诉我们：

首先，个体和个体是不一样的。你喜欢的，别人未必喜欢；你欣赏的，别人未必欣赏。弄得不好，便南辕北辙，适得其反，好心真的变成驴肝肺。所以：

不要把自己的好恶强加于人，甚至鸟。

其次，问题也不在苦日子还是好日子。

那在哪里呢？

真实不真实，自由不自由。

鲁国的盛情款待之所以害死了那只鸟，就因为钟鸣鼎食对于它既不真实也不自由。所以，不但强迫别人过苦日子是不对的，便是强迫他过好日子也不对，何况你心目中的美好生活到底怎样还两说。

没准，你觉得乐不可支，他认为苦不堪言呢？

也因此，真正爱鸟，真正为鸟好，就应该把它放回大自然，让它去过自由自在的生活，哪怕你认为那很苦很难受。同样的，**真正爱一个人，真正为他好，就应该让他走自己的路，哪怕他会摔跟头**。

家长和老师，你们做得到吗？

很难吧！

为什么难？

看过下一个故事就知道了。

本节故事见《庄子·至乐》

鱼变的鸟

北海有一种鱼，名字叫鲲。

鲲，不知有几千里长。

它变成鸟，就叫鹏。

鹏，也大得不得了，也不知有几千里长。

变成鹏以后，它就从海上飞起来了。

那真是一种极为壮观的景象：原本无风三尺浪的海面忽然刮起龙卷风，旋转的气流直上九万里。鲲鹏便在这旋风中一跃而起，展开的翅膀就像从天顶垂到海面上的云。海上水波相激，浪花飞溅，高达三千里。

就这样，它将借六月的大风从北海飞往南海。

于是，鷃雀就笑起来了。

鷃读如宴。鷃雀是生活在麦田里面的候鸟，也叫老扈或鹌。每到秋收的时候它就会飞过来，叫起来，催着农民收麦子。

意思是：快点快点，再不动手就晚了。

古人称晚为晏，所以叫它鷃雀。

总之，这是一种很小的鸟。

而且叽叽喳喳。

我们不知道，鲲鹏飞过田野那天，是不是正好赶上秋收季节，当然也不知道那时鷃雀在干什么。反正鷃雀是看见鲲鹏了，而且还嘻嘻哈哈地笑了。

那么，鷃雀笑什么呢？

它说，这家伙是要上哪儿去呀？你看我们，飞到树梢就停下来，实在飞不高就落到地面。像这样在蓬草和蒿草上面翱翔，不也很好吗？这家伙要干什么呀？

跟鷃雀一起嘲笑鲲鹏的，还有斑鸠和蝉。

它们都说：是啊，是啊，跑那么远干吗！

鲲鹏却不予理睬，只管飞自己的。

庄子管这，叫：

逍遥游

这是一个常常被用来励志的故事。

讲故事的人会说：我们应该学习鲲鹏，要有远大的理想；不要像鹦雀那样胸无大志，苟且于蓬蒿之间。

但是抱歉！你们搞错了。

讲这种话的当然也有，比如陈胜。

原文是：

燕雀安知鸿鹄之志哉！

哈哈，此燕雀可非彼鹦雀。

庄子也不是陈胜。他绝不可能励志，更不会说鹦雀不如鲲鹏之类的话，尽管庄子对鹦雀不以为然，甚至还颇有讥讽。但是这种态度跟鹦雀能飞多高多远，有没有雄心壮志毫无关系。那样想，是误读了庄子。

为什么呢？

因为海鸟的故事告诉我们，在庄子看来，一切生命都有自己的生存方式。人有人的，鸟有鸟的，谁都不比谁高明，谁都不比谁正确，谁也别想改变谁。

由此不难推论，大自然赋予的生存方式，也应该是鲲鹏有鲲鹏的，鹦雀有鹦雀的。既然如此，鹦雀苟且于蓬蒿之间，请问有什么可笑，又岂能嘲笑？

那么，庄子难道没有嘲笑鹦雀？

当然嘲笑了，因为鹦雀可笑。

怎么可笑？

哪里可笑？

有什么不对？

嘲笑鲲鹏。哈哈哈，你飞那么高干什么？你飞那么远干什么？这就可笑。为什么可笑？因为我的人生与你无关，鲲鹏的生活也与鹦雀无关，鹦雀笑什么？何况那大的一声不吭，小的反倒嘲笑大的，岂不滑稽？

所以，千万不要因为肯定自己的活法而去嘲笑别人的生存。要知道，自然界每个物种的生存方式都是天之所赋，谁都没有权力剥夺，没有资格嘲笑。如果偏要去嘲笑别人，最后被嘲笑的就是他自己。

鹦雀成为反面教材，原因就在这里。

庄子的寓言，却不止这一个寓意。

只不过，我们还得再讲故事。

这些故事里面有鸟，还有别的。

本节故事见《庄子·逍遥游》

躲藏的鸟

平时，森林里总是很美好。

这天应该也一样。鸟儿在枝头歌唱，麋鹿在草地上舞蹈，游鱼也探出了水面。但是突然之间，游鱼沉入了水底，鸟儿们躲藏起来，麋鹿跑得无影无踪。

怎么，老虎来了？

不，来了个美女。

美女也许叫西施。

也许叫丽姬或者毛嫱。

结果，鱼、鸟和麋鹿全都吓坏了。

这就叫：

沉鱼落雁

沉鱼落雁，是鱼和鸟都吓得躲起来吗？

没错，本义如此。

原文是：

毛嫱丽姬，人之所美也，鱼见之深入，鸟见之高飞，麋鹿见之决骤。

只不过，后来有了“羞花闭月”这个词，沉鱼落雁的意思才变成一个女人漂亮得让鱼和鸟自愧不如，就像花儿在她面前自惭形秽，月亮觉得没脸见人。

但，这绝不是庄子的意思。

庄子的意思又是什么呢？

不同事物没有可比性，因为天赋和本性不同。比如人们都说住在湿地就会腰疼，请问泥鳅同意吗？都说住在树上就会害怕，请问猿猴同意吗？都说毛嫱和丽姬是世界上最漂亮的，然而鱼、鸟、麋鹿都吓跑了。

那么请问：

孰知天下之正色哉？

是啊，谁有唯一正确的标准答案呢？

恐怕只能说：

立场不同，判断和判断标准也不同。

此话不假。比如法国人那里就有民谚说，如果你去问雄蛤蟆什么是美，它一定回答是雌蛤蟆。这句话曾经被钱锺书先生用文言文这样译出：

何谓美？
询之雄蛤蟆，
必答曰：雌蛤蟆是！

难怪鹦雀会说：我腾空而起，几十尺就落下，这也是飞翔的最高境界呀！

原文是：

此亦飞之至也。

鹦雀这样说并没有错，因为几十尺高就是它飞翔的最高境界。我们不能用鲲鹏的标准去衡量它，就像不能按照成年人的水平去要求小朋友。

最高境界，哪有统一尺寸？

遗憾的是，飞不高也飞不远的鷃雀，却要用自己的标准去规范鲲鹏，这才特别可笑。

所以庄子接着说：

此小大之辩也！

辩，就是辩论，辩论境界的标准。

不过，也有版本写成“辨”。

辨，就是辨别，辨别境界的高低。

一字之差，完全不同。

那么，到底是辩论，还是辨别？

不妨再看一个故事。

这故事说，有个老头给猴子发橡子。

他问：早上三个，晚上四个，行吗？

猴子们都很愤怒，龇牙咧嘴说不干。

老人马上改口：那就早上四个，晚上三个。

猴子们都喊万岁。

实际上，早上三个，晚上四个，是一天七个。早上四个，晚上三个，也是。有区别吗？

没有。

庄子说，像这样想不通的，就叫：

朝三暮四

朝三暮四的本义，正是这样。

这就告诉我们，不但不同的事物没有可比性，就连同一事物也没什么好比的，因为本质上一样。

那么，庄子还会要求弄清小和大的区别吗？

也不会。

所以，小大之辩，只能是辩论的辩。

写成辨别的辨，就错了。

实际上，庄子的思想是一贯的，朝三暮四跟沉鱼落雁也都在《齐物论》篇。齐是平齐，物是万物，《齐物论》蕴含的重要的思想则可以这样表述：

万事万物都是平等的。

谁也不比谁高贵，谁也不比谁高明。

因此，谁都不要去强迫干涉别人。

如果说我们还可以做什么，那就是把人当人，把鸟当鸟，把鲲鹏当鲲鹏，把鹦雀当鹦雀。

需要辨别高低贵贱吗？

不需要。

那么，最高境界到底有没有标准呢？

有，这个标准就是：

真实而自由地活着。

这也就叫**逍遥游**。

逍遥游和齐物论，是庄子最重要的思想。

合起来，则可以这样表述：

真实而自由地活着，不要攀比。

那么，按照这个标准，鲲鹏扶摇直上九万里固然是逍遥游，鹦雀们在蓬蒿间嬉戏难道就不是？

当然也是。

所以，鲲鹏就没有嘲笑鹦雀。它并不跟鹦雀讨论什么是飞翔的最高境界，只管飞自己的。因为鹦雀有鹦雀的境界，但不属于鲲鹏，那又何必要过问？

当然，鹦雀硬要辩论境界的高低，也是它的事。

因此，我们可以赞美鲲鹏，但不必嘲笑鷃雀。或者换句话说，你不妨嘲笑它的嘲笑，却不可以蔑视其生存方式，嘲笑它飞得不高，没有远大理想，等等。

也就是说：

任何人都不能以己之长笑人之短，不能以一种自由嘲笑另一种自由，以一种真实嘲笑另一种真实。

同样，庄子的寓言也绝不是什么励志故事。

那是什么呢？

关于自由与平等的故事。

自由平等，才是《庄子》一书的核心价值观。燕雀安知鸿鹄之志哉，则是陈胜的。毫无疑问，那鸿鹄之志你当然可以有，更可以有鲲鹏之志。但，己所甚欲也勿施于人，请不要强加于孩子，好吗？

本节故事见《庄子·齐物论》《庄子·逍遥游》

凤凰和猫头鹰

庄子的寓言里还有只鸟，叫鹓鶵（读如渊除）。

鹓鶵是凤凰的一种。

故事是讲给惠子听的，时间距离庄子向监河侯借钱应该很久很久，场景跟站在桥上看鱼也不相同。因为讲这故事的时候，惠子已经是魏国的丞相。

魏国将国都迁到大梁（今河南开封）后，也称梁国。当时的国王则是魏文侯的孙子魏惠王，在历史上也叫梁惠王。梁惠王继位后，便把惠子请来做宰相。

庄子决定去梁国看望老朋友。

惠子听说，立马吓了一跳。他倒不是怕借钱，而是有人对他说：庄周是要来夺你的相位。于是，惠子下令在城内拉开大网搜捕，搜了三天三夜。

庄子却突然出现在他面前。

惠子很尴尬。

庄子问：南方有种鸟叫鹓鶵，你知道吗？

惠子不说话。

庄子说，告诉你吧！这种鸟儿不是梧桐不栖，不是竹实不食，不是甘泉不饮。它从南海飞往北海时，路上遇到只猫头鹰，嘴里叼了只死老鼠。猫头鹰以为鹓鶵是来抢饭碗的，就对着它大叫一声：吓！

吓读如褐，是恐吓和恫吓的声音。

猫头鹰在古代，也叫作鸱鸮（读如痴销）。

所以这声音也叫鸱吓。

讲完这一声鸱吓，庄子便对惠子说：现在，老兄也要为了你那梁国的相位来“吓”我吗？

惠子很狼狈。

可惜，这也是往往被误读的故事。

人们都说，这里表现的是庄子的清高啊！

怎么着，难道不是吗？

看起来是。你看那凤凰，不是梧桐不栖，不是竹实不食，不是甘泉不饮，岂不清高？再看那鸱鸮吧，嘴里叼只死老鼠还怕别人来抢，难道不猥琐？

但是，不对呀！

什么地方不对？

不符合齐物论的思想。

在《齐物论》里，庄子曾经说过，人类吃肉，麋鹿吃草，蜈蚣吃蛇脑，鸱鸮和乌鸦吃老鼠，不过都是各自的生存方式罢了，根本就没什么对不对的。

当然，万事万物都平等嘛！

那么，他还会认为鸱鸮叼只死老鼠有错吗？

不会吧！

毫无疑问，庄子是喜欢凤凰，但不等于他就会蔑视鸱鸮，就像他喜欢鲲鹏却不蔑视鹦雀。所以，正如鹦雀的问题不在飞得低，鸱鸮之错也不在吃死老鼠。

那在哪里？

太把那死老鼠当回事了。

如此不明白人各有志，这就可笑。

而且吃相也太难看。

不妨设想一下，如果那猫头鹰不是一声鸱吓，而是欣然邀请凤凰共进晚餐，结果会怎么样？邀请会被礼貌地谢绝，腐鼠依然归它独享，还不会被嘲笑。

聪明与愚蠢，真是一念之差。

但，不是说己所甚欲，也勿施于人吗？

没错。不过这里说的施，是“强加”的意思。善意地邀请别人分享和共享，却一点问题都没有。

关键在哪里呢？

真实而自由

真心诚意地发出邀请，是真实。

接不接受由对方决定，是自由。

这才是庄子主张的。

他当然也不会励志。

看看树的故事，就知道。

本节故事见《庄子·秋水》

树的故事

天生我材别有用

好一朵美丽的茉莉花，

好一个胖大的葫芦瓜。

好一棵没用的臭椿树，

疙疙瘩瘩满枝丫。

我把它，来砍下，

送给别的娃，

让你过家家。

好看的树

齐国有棵树。

一棵被尊为土地神的栎（读如丽）树。

那真是好大好大一棵树，树冠大得遮蔽了牛群，树身粗得有上百尺，树枝有船那么粗，树尖高得接近山顶。前往观看的人，多得就像赶集。

只有匠石不屑一顾。

匠石就是名字叫作石的木匠。当时，他正带着徒弟前往齐国，半路上看见了那棵树。徒弟们围着栎树看了又看，匠石却头也不回只管往前走。

徒弟们不明白。

他们问：自从弟子拿着斧头追随师傅，就没见过这么好看的树，为什么师傅看都不看一眼？

匠石说：那是散木。

散，就是不成材。

成材的树叫文木。

不成材的叫散木。

匠石已经看出，这散木啥都做不了。

结果到了晚上，树来托梦。

树说：石师傅，你认为我没用？

匠石说，是的。

树冷笑一声说：可笑之极！你和我都是物，何必要去管别人有没有用？你这快死的散人，又哪里知道什么叫散木！不过既然问了，那就告诉你，我追求百无一用已经很久了。好几次差点死掉，今天才总算安全。这就是我的大用。如果我有用，还能长这么大？

想想也是，早被木匠砍了。

这就有点意思。

是啊，不是没用才好吗？

那又为什么不承认自己是散木？

还为什么要发脾气？

何况那树也不是真的没用，是它不想有用。第二天早上匠石把这个梦告诉徒弟，徒弟们就质疑说：它如果真的想没有用，为什么要当土地神呢？

匠石说：小声点，隔墙有耳！这哪里是栎树自己要当土地神，是土地神附体于它。再说了，它如果不是被人们当作了土地神，弄不好还是会被砍掉。

这么说，栎树还是为了保命？

但，为什么要说匠石是散人？

人，究竟应该成材，还是不成材？

那就再看两个故事。

本节故事见《庄子·人间世》

大葫芦瓜

这个故事还是跟惠子有关。

事情也许发生在讲完凤凰和鸱鸮的故事之后。惠子虽然被庄子嘲讽了一番，倒没生气。那时，中国人还没学会喝茶，喝茶是东汉以后的事情。所以，惠子要招待老朋友，多半是请他吃饭，喝点小酒。

酒过三巡，惠子又开始嘚瑟。

他说：知道吗，魏王送给我一颗葫芦瓜种子。我种了下去，结果长出的葫芦能装六百斤米。这东西可没什么用。用它来盛水吧，皮薄盛不住；做瓢吧，要那么大的瓢干什么？我就把它砸了。

庄子说，你就不能用它做成腰舟？

腰舟是南方人的发明。他们会把空酒坛子绑在身上渡江渡湖，名叫腰舟，意思是腰上的舟，相当于现在的救生圈。不过，和能装六百斤米的大葫芦绑在一起，就不是腰舟，简直可以躺在上面漂荡江湖。

难怪庄子对惠子说：

夫子固拙于用大矣。

你太不懂得什么叫“用大”了。

如果做成腰舟，又叫什么呢？

恐怕就叫：

天生我材别有用。

所以，**最没用的，往往是最有用的**。

关键在于你怎么看问题。

只要敢想，那葫芦瓜做成热气球都行。

本节故事见《庄子·逍遥游》

臭烘烘的树

惠子不服气，又讲樗（读如初）树。

樗树其实就是臭椿。臭椿和香椿一样都是无患子目植物，也是落叶乔木，但不同科，臭椿属苦木科，香椿则属楝（读如练）科。在中华文化中，香椿是父亲的代名词，叫椿庭；也是长寿的象征物，叫椿龄。

而且，香椿可以吃，炒鸡蛋尤其好。

臭椿的叶子揉碎了，却是臭烘烘的。

于是惠子便对庄子讲了个故事：

我有一棵大树，人们都管它叫臭椿。这棵树呀，主干木瘤太多不合绳墨，支干弯弯曲曲不合规矩。它长在路边，木匠们都不屑一顾。就像你的言论，大而无当，所以谁都不听你的。

庄子呵呵一笑。

他说，老兄没见过野猫和黄鼠狼吗？它们东张西望上蹿下跳，匍匐着身子等待时机，随时准备捕捉出游的小动物，自己却一不小心误中机关落入罗网。还有高大魁梧的牦牛，能耐可大了，却抓不住老鼠。

惠子说，你还是想想那臭椿怎么办吧！

庄子说，这可就更好办了。你把那棵树移栽到无人之乡旷野之上，无所事事地在它旁边转圈圈，逍遥自在地在它下面睡大觉，那不就行了吗？

看来，庄子总是另有办法，也总不按牌理出牌。

葫芦太大不能盛水，就去做船。

树长得歪歪扭扭，就用来乘凉。

说我没用，是你不会用。

真正会用，天底下哪有没用的？

臭椿哥，我也到你树下来吧！
你来干什么？
把我剖开了，能做帐篷。
用不着，我的树冠够大的了。
那我还做救生圈去。

这叫什么呢？

就叫：

天生我材别有用

天生我材必有用

天生我材自有用

天生我材不怕没用

在这里，重要的是**不怕没用**。

不怕没用，那就自由。

自由，就怎么用都行，也就别有其用。

别有用就是自有用，也是必有用。

必是必然，更是自由。

这就让我们想起孔子，孔子说：

君子不器。

器就是器物，也就是有用的东西。不器，就是不要拘泥于某一用途。表面上看，这跟庄子的不要成材很像，其实却不同。因为孔子“不要成器”的准确意思是应该成人，成为懂礼乐有教养的高贵的人。

所以，在孔子那里，不器的只是君子。

小人，则还是得成器成材。

庄子却不区分什么君子和小人，也不认为非得成为什么不可。天生是鹦雀就是鹦雀，鲲鹏就是鲲鹏。他的不材也不是必须没用，而是不必有用，不怕没用，甚至就连自己叫什么名字也都无所谓：

子呼我牛也而谓之牛，呼我马也而谓之马。

意思是：你们愿意管我叫牛，我就跟着你们把自己叫作牛；管我叫马，我就跟着把自己叫马。

这样的人，哪里还在乎成不成材？

当然也不在乎被看作散木。

若为自由故，不怕做散木。

树的故事，意义就在这里。

本节故事见《庄子·逍遥游》
本节引文见《论语·为政》《庄子·天道》

农场的故事

活出真性情

小猪不说话，

小牛不说话，

小马不说话，

乌龟也不说话。

农场的小动物，

全都不说话。

钓鱼的那位老人家，

默默地坐在了大树下。

沉默的猪

农场里，有只猪得了抑郁症。

它原本是被选出来要做牺牲的。

牺牲就是祭祀时献给神祇和祖宗的食品。

祇读如其，就是地神。

天神叫神，地神叫祇，祖宗叫鬼。

天神、地祇和祖宗，是祭祀的三大对象。

祭品则有很多，有吃的，也有用的。

用的是玉器和丝绸，叫玉帛。

这是红包。

吃的有肉食和米饭。

这是宴席。

其中，米饭叫粢盛，肉食叫牺牲。

牺就是毛色纯正。

牲就是肢体完整。

可见要求很高。

做牺牲的猪闹起情绪来，大家便都有点紧张。因为有情绪的肉味道不好，神祇和祖宗会不高兴。

这就要做思想工作。

于是，负责祭祀活动的官员便穿着正装，衣冠楚楚地来到猪圈，对准备牺牲的猪讲道理。

官员诚恳地说：猪啊猪，你又何必要怕死呢？从今天起，我会用最好的饲料喂养你三个月。宰杀前，我会十天上戒，三天作斋。你死后，身子下面会铺上洁白的茅草，前肩和后腿会庄重地放在最好的盘子里，上面还雕着花，可以做收藏品的，你看怎么样？

猪不说话。

它的心里话，恐怕也只能由庄子帮它讲。

庄子说，如果真正替猪着想，那就应该把它留在圈里吃糟糠，不要讲什么雕花的盘子！

是啊，荣华富贵对于死猪有什么意义？

这个道理，难道还用说吗？

接下来庄子说，替猪着想是如此，替人设计也应该一样。但是许多人想要的，却是活着有高大漂亮的马车可坐，死了能够躺进带有纹饰的灵车和棺材，这不就是身子下面铺着白茅草，前肩后腿放进了花盘子吗？

请问，这又有什么可追求的？

如果还要扭曲自己的天性，就更不值得。

可惜，偏偏有人想不通。

这些人跟猪的区别，究竟在哪里呢？

哼哼，猪都不如。

悲剧啊！

本节故事见《庄子·达生》

孤独的牛

农场里做祭品的还有牛。

牛是最重要的牺牲品。牺和牲，偏旁都是牛。祭祀或者宴请的时候，如果牛、羊、猪三牲齐全，甚至只要有牛，就叫太牢。只有羊和猪，或仅有羊，叫少牢。

牢字，里面也有牛。

少牢没有牛，也叫牢。

可见，牛非常重要，待遇也比猪高。庄子就曾经见过一头祭祀用的牛，身上穿着漂亮衣服，吃的是嫩草和大豆，叫刍叔（刍读如除，叔就是菽）。

庄子却很同情它。

某次，有人想聘请庄子到他们国家做官，庄子便对他说：先生见过那用来做牺牲的牛吗？披着绸缎，吃着好料。可是，等到它被牵入太庙，准备杀了来祭祀祖宗的时候，就算只想做一头孤独的小牛，还能够吗？

不能了，可怜的牛！

可，为什么是孤独？

也许，孤独比失去自由要好。

实际上，追求自由就得准备孤独。因为自由并不是为所欲为，无法无天，而是服从内心。

或者说：

由自己做选择，也由自己去负责。

因此，如果出了问题，便不能指望别人救助，甚至不能指望别人理解。

这也就是人们常说的：

自己选的路，跪着也走完。

但，谁会陪你跪着呢？

所以，真正自由的人，多半孤独。

庄子很清楚这一点。

不妨再讲一个故事，尽管未必在农场。

本节故事见《庄子·列御寇》

打滚的乌龟

有一天，庄子在河边钓鱼。

钓鱼的地方是濮水，在今天的河南濮阳，跟他看鱼的濠水（在今安徽凤阳）不在同一处，心境可能也不一样。在濠水时，庄子是快乐的。这次却也许是又没饭吃了，还借不到米，只好钓鱼。

不过，他自己没说，我们也不清楚。

现在只知道，钓鱼的时候，客人来了。

客人是楚国的两位大夫。

两位大夫恭恭敬敬地站在庄子身后，客客气气转达了国王的意思。不过按照当时的礼仪，他们使用了楚王的口气：寡人想以国境之内的事情麻烦先生！

很清楚，要请庄子当丞相。

如果是惠子，肯定立马就同意了。

庄子却头也不回。他拿着钓竿继续钓鱼，同时不紧不慢地问远道而来的客人：听说贵国有一只神龟，已经死了三千年。贵国大王却宝贝得不得了，小心翼翼放进竹箱中，珍藏在庙堂上，有这事吧？

两位大夫说：有。

庄子说：那么请问二位，作为一只乌龟，它是愿意去死，留下骨头来享受荣华富贵，还是宁可活着，拖着尾巴在泥潭里打滚呢？

两位大夫心想：那还用问吗？

于是异口同声说，当然是后面那种。

庄子说：二位可以回去了，也不必徒劳往返，我会继续拖着尾巴在泥潭里面打滚的。

而且，哪怕没饭吃，哪怕很孤独。

但，活得真实而自由。

只为自由故，不做池中物。

这故事的主题，大约如此。

当然，庄子的故事是真是假还很难说。尽管司马迁的《史记》说他曾经拒绝过楚威王的聘请，但这人无论怎么看，都不像是做宰相的材料。

所以，这故事也可能是编出来的。

不过，沉默的猪，孤独的牛，再加上拖着尾巴在泥潭里面打滚的乌龟，可就有点意思了。

什么意思呢？

请往下看！

本节故事见《庄子·秋水》

离开草原的马

农场里感到郁闷的还有马。

郁闷是因为伯乐。这人据说很会驯马，来到农场后就集中进行训练。马们都被钉上马掌，套上缰绳，练习各种规定动作。可以想象，有的马进了仪仗队，有的参加了赛马会，有的还当了冠军得了奖。

但是，马不开心。

为什么？

因为这不是它想要的生活。

理解它们的，仍然是庄子。

庄子说，你们懂得马吗？它的蹄可以踏霜雪，它的毛可以御风寒。它们生活在草原上，饿了就吃草，渴了就喝水，高兴了就撒欢，这就是马的真实生活。

可是怎么样呢？

来了个伯乐，又是钉马掌，又是套缰绳，马就死了三分之一。然后又训练它立正稍息齐步走，前面有马嚼勒住，后面有马鞭驱赶，这马就死一半了。

为什么？

既不真实又不自由。

剩下的马呢？

会变坏，会变得不像马。

那又为什么？

因为必须争取好的表现，才能存活下来。于是它们不但学会了听指挥，还学会了看主人的脸色，揣摩主人的心思，城府之深简直可以去做强盗和骗子。

这是谁的过错？

伯乐之罪。

那该怎么样？

草原上的马不是农场里的样子。它们是真实的，也是自然的，更是率性的。相爱就交颈亲热，生气了就分道扬镳，用不着处心积虑，更不必彼此防范。

于是庄子说：

此马之真性也。

真性情就是天性，简单朴素而自然。如果违背了自然之道，就算名满天下，那马也是郁闷的。相反，乌龟在泥潭里打滚，猪在圈里哼哼，则快乐无比。

还有野鸡，也是。

庄子说，你们知道田野里的鸡吗？宁肯走上十步方能吃到一口食，走百步才能喝到一口水，也不愿意关在笼子里，尽管笼子里有吃有喝，不用那么辛苦。

这就叫：

神虽王，不善也。

为什么呢？

原因很简单：只有在田野，它才真实而自由，也才神清气爽，得意洋洋，以至于忘记了什么叫作好，什么叫作不好。

也许，这就是庄子的人生态度：

活出真性情。

事实上，沉默的猪，孤独的牛，打滚的乌龟和离开草原的马，要讲的都是这个道理：

人最宝贵的是生命，生命的价值在于自由。

因此，最重要的是无拘无束，活出自己的真性情。

那才真叫作无愧于人生。

问题是，怎样才能活出真性情？

我们到原野里去看看吧！

本节故事见《庄子》之《马蹄》《养生主》

原野的故事

人贵有自知之明

单足兽，多脚虫，
原野之上正呢哝。
螳螂的蝉，黄雀的梦，
炫技的猴子醉眼蒙眬。

谁有用，谁没用？
落网的乌龟被挖空。
该有用，该没用？
迎面吹来凉爽的风。

单足兽与多脚虫

原野上，单足兽和多脚虫在聊天。

多脚虫叫蚿（读如咸），单足兽叫夔（读如魁），据说是长得像牛，但没有角且只有一条腿的怪兽。它们纠结和争论的问题是：单足兽、多脚虫、蛇、风、眼睛还有心，到底谁更值得羡慕或怜悯。

原文是：

夔怜蚿，蚿怜蛇，蛇怜风，风怜目，目怜心。

什么意思呢？

不好说。因为“怜”有两种解释，一种是怜悯。

比如单足兽，由于只要用一条腿就能走路，便觉得多脚虫要用那么多的脚，实在太麻烦了！

这就是夔怜蚿。

多脚虫呢？由于自己有脚可以用，便觉得蛇只能用肚皮走路，整天磨得肚子疼，真的太可怜了！

这就是蚿怜蛇。

蛇因为自己有身体，可以享受感官的快乐，便觉得风什么器官都没有，无知无觉，未免太遗憾了！

这就是蛇怜风。

风因为自由自在，想上哪就能上哪儿，便觉得眼睛只能待在一个地方，恐怕太憋屈了！

这就是风怜目。

眼睛因为露在外面，什么都看得见，便觉得心脏藏在体内暗无天日，简直太窝囊了！

这就是目怜心。

那么请问，究竟谁可怜？

好像都值得怜悯。

其实，反过来说也可以。

因为“怜”还有另一种解释：喜爱，羡慕。

不妨设想它们之间的对话。

单足兽对多脚虫说：多脚虫呀多脚虫，你真是太让人羡慕了！我只有一条腿，你却有那么多。

这也是夔怜蚿。

多脚虫说：这有什么好羡慕的！你看那蛇，没有脚也能走路，才真是让人眼红呢！

这也是蚿怜蛇。

蛇说：你说的算什么！风连身体都没有，更加无拘无束，什么地方都能去，那才叫大自由！

这也是蛇怜风。

风说：我倒是自由，可也什么都看不见。哪里比得上眼睛，什么都能看见！

这也是风怜目。

眼睛说：我整天露在外面，老被人盯着，一点隐私都没有。心脏多好，什么都不用看，又什么都知道。

这也是目怜心。

请问谁更值得羡慕？

哎呀，答不上来啊！

这就对了。

其实读完全文，你便会发现，这个问题根本就没有标准答案，就连“怜”应该解释为羡慕还是怜悯，也不可能有定论。所以唐代学问家成玄英作注解，就把两种解释并列放在书上，由读者自己选择。

而且，心没说话。

是的，目怜心之后，并没有心怜什么。

心，为什么不说话？

看完整个故事就明白了。

故事大概是这样的。

单足兽对多脚虫说：我用一条腿跳着走，事情简单成这样，除了我天底下没有别人。可是，你却要用那么多的脚走路，不累吗？为什么偏要如此呢？

多脚虫说：你说什么呀！没谁故意这样。你难道就没见过打喷嚏吗？喷出的水大的像珠，小的像雾，形形色色各不相同，难道会是刻意安排的？我的脚多，你的腿少，也都是天生的，谁知道原因在哪里？

单足兽无话可说。

多脚虫又说：我倒是想请教一下蛇，我用那么多脚走路，却不如你这没腿的快，这又是为什么？

蛇说：正如你刚才所言，天赋呀！

多脚虫也无话可说。

但是蛇却又去问风：我虽然不用脚，总归还要拱起脊背才能前进。这就还算是有形的。你呢？呼的一下从北海起来，呼呼啦啦就到了南海，看起来却就像什么都没有，请问这又如何理解？

风说：你说的没错，我确实是呼呼啦啦就从北海到了南海。可是，却吹不断人类竖在风中的手指头，也吹不断他们站在风中的脚后跟，只能吹倒大树，掀翻那些大屋顶。我只能战胜大的，不能战胜小的。

哎呀，这都在说些什么呀！

其实很简单。

首先，**世界上没有十全十美的事物**。

风，能够吹倒大树，掀翻大屋顶，却吹不折手指头和脚后跟，其实也吹不折小草。小草会趴下，但是风过之后又站起来了。反倒是大的，抗不住台风。

由此可见：

小有小的好处，大有大的难处。

其次，**每个人都有长处和短处**。

俗话说，寸有所长，尺有所短。你的长处可能正好是别人的短处，你的短处也没准正是别人之所长。攀比的结果，要么是自寻烦恼，要么是忘乎所以。

攀比，是世界上最愚蠢的事情。

第三，**短处和长处都是相对的**。

很难说一条腿和很多腿谁更好。因此，与其说优点和缺点，不如说特点。特点无所谓优劣，犯不着羡慕或怜悯。如果是天生的，就更不要去问为什么。每个人有每个人的活法，只要真实而自由就应该尊重。

重要的是活好自己，不要管人家怎么过。

难怪心不说话。

它明白着呢！

本节故事见《庄子·秋水》

捕蝉的螳螂

原野上，有只螳螂在捕蝉。

螳螂悄无声息专心致志，蝉则得意忘形。当时它们都在树荫里，浓密的树叶遮挡了阳光和视线。于是那蝉惬意地放声歌唱，没想到后面有螳螂。螳螂则离开树荫慢慢向蝉逼近，不知道树上来了只鸟。

只有庄子把这一切都看在眼里。

他最先看见的是鸟。

这是一只喜鹊，从遥远的南方飞来，擦过庄子额头落在树上，就不再动了。它的翅膀有七尺长，眼睛有一寸大，所以在这个故事里被叫作异鹊。

没错，庄子的故事里总是有些奇怪的鸟。

庄子想：什么鸟呀！有翅不飞，有眼不看。

于是，他撩起衣裳快步上前，举起弹弓。

直到这时庄子才发现，那异鹊不飞，是因为盯住了前面的螳螂。螳螂不知道有鸟，则因为它正用一片树叶做遮阳伞，掩护自己去捕蝉。至于那只蝉，却因为舒舒服服待在树荫里，把什么都忘了，还叫个不停。

这可真是触目惊心。

庄子也立刻警醒。

他说，一个人，可不能贪心呀！

贪心就会有危险。

想害人的，也会被人害。

于是他扔下弹弓掉头就走。

结果怎么样呢？

被管园子的人当作贼辱骂驱赶。

想想真是何必！

由此留下了一个成语：

螳螂捕蝉，黄雀在后

不是异鹊吗？怎么是黄雀？

因为其他书里是黄雀，比如：

园中有树，其上有蝉。蝉高居悲鸣饮露，不知螳螂在其后也。螳螂委身曲附欲取蝉，而不知黄雀在其傍也。

螳螂捕蝉，志在有利，不知黄雀在后啄之。

后面两个故事意思差不多，都是说江湖险恶，简直防不胜防，也都是说不要贪图眼前利益，而忘记了还有后患。庄子却不是。回来后，他自我批评说：

吾守形而忘身，观于浊水而迷于清渊。

翻译过来就是：我盯住别人，忘了自己，这就等于是只看见污水而迷失了清泉。很清楚，清泉就是本真。

庄子讲这故事的用意是：

守住本真，不要盯着别人。

但是，好像不对吧？

蝉在树荫里歌唱，难道不是它的本真？

螳螂捕蝉，也是吧？

更何况，蝉如果左顾右盼，回头看看，不就会发现螳螂了吗？它不也就没有危险了吗？那么请问，蝉是该本真地歌唱，还是看看人家呢？

这个可真答不上。

也许，害人之心不可有，防人之心不可无？

问题是，有了防人之心，还是本真吗？

还真不好说。

好在，庄子还有一个螳螂的故事，叫：

螳臂当车

这故事大家都耳熟能详。

关键是庄子的评论：

不知其不胜任也，是其才之美者也。

什么意思？

是，动词，肯定或者看重的意思。也就是说，螳螂为什么要去抵挡车轮？因为过于相信自己的才干。可惜啊可惜，这不是奋不顾身，而是自不量力。

得出的结论是：

人贵有自知之明。

没有自知之明会怎样呢？

就会倒霉。不信再看一个故事。

本节故事见《庄子》之《山木》《人间世》
本节部分引文见西汉刘向《说苑》

炫技的猴子

有一次，吴王渡过长江上了猴山。

国王出行，护驾的就不知有多少。猴子们哪里见过这种阵仗，全都吓得逃进了深林。只有一只老猴子仗着自己“艺高猴胆大”，不慌不忙地上蹿下跳于林间，向那上山的吴王炫耀它的高超技艺，得意非凡。

吴王张弓搭箭，一箭射去。

老猴子一把接住。

吴王连射数箭。

老猴子也全都接住。

吴王大怒，命令手下人一齐射箭。

结果，老猴子抱树而死。

悲剧啊！

抗议成立。

残害野生动物确实不对。

何况还是以强凌弱，仗势欺人。

不过，教训也要吸取。

什么教训？

做人要低调，千万别炫耀。

想想那只老猴子吧！别的猴子都躲了起来，只有它满不在乎，还要特地在吴王面前荡秋千。请问，这样做有必要吗？有意义吗？有价值吗？

没有，炫技而已。

它可不是为了保卫其他猴子而壮烈牺牲。

那又何必这样做？

但，这跟自知之明有什么关系？

有自知之明的人不炫耀。

因为他知道，山外有山。

那么，有自知之明容易吗？

抱歉，不容易。

本节故事见《庄子·徐无鬼》

落网的乌龟

一天晚上，宋国国王做了一个梦。

梦里的事情是，有人披头散发站在门口，探头探脑地对他说：我是一名使者，来自宰路的深渊，代表清江出使黄河，但是大王的渔夫余且抓住了我。

国王醒来以后，便问巫师这是什么梦。

巫师说：那人是一只神龟。

国王问：我国的渔夫，有叫作余且的吗？

手下人答：有。

国王说：叫他来见寡人。

第二天，余且来了。

国王问：你捕到了什么？

余且说：一只白乌龟，五尺长。

国王说：拿来给寡人。

余且就把乌龟献给了国王。

国王却纠结起来。他一会儿想杀了那乌龟，一会儿又想养着它。思来想去，便决定让巫师占卜。

那时占卜的办法，是在龟甲或者牛骨上钻眼，然后放进火里烧。烧的时候会发出“卜卜”的声音，钻了眼的龟甲或者牛骨也会有裂纹，巫师们便根据这裂纹来判断一件事是凶是吉。

于是巫师说：占卜就得有龟甲，只能杀了它。

结果神龟被杀。

国王拿那龟甲来占卜，没有一次不灵的。

呵呵，果然是神龟。

神龟却再也活不过来。

这乌龟也太倒霉了。

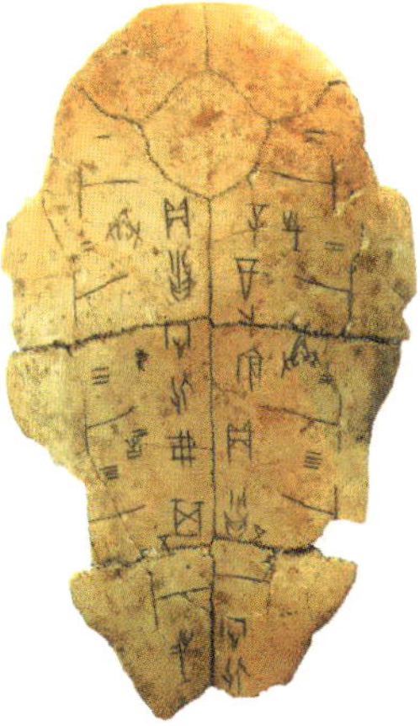

更倒霉的是，这乌龟倒霉是因为它有用。如果不是必须用龟甲来占卜，说不定它还能够活下来。

难怪那棵栎树，死活都不肯成材。

有用，有时候是不是很可怕？所以庄子说：

山木，自寇也。
膏火，自煎也。
桂可食，故伐之。
漆可用，故割之。

意思是：山上的树木被伐，灯里的油脂被烧，都是自找的。桂树的皮可以做香料，所以遭斧砍；漆树的汁可以做油漆，所以遭刀割。反过来则是：如果山木不能成材，就不会被伐；油脂不能点灯，就不会被烧。

神龟也一样。

由于龟甲能用来占卜，便被剖开挖空。

不过，那个神龟比桂树和漆树还要倒霉，因为宋国国王原本是想养着它的。为什么要养着呢？因为它自称是出使黄河的使者。是不是呢？这就要占卜。

结果，事情就变成了这样：

不占卜，便不能决定神龟是死是活。

要占卜，又只能先杀了它。

这简直就是讽刺，就是悲剧！

而且，只有悲剧才深刻，这也是悲剧。

不过，这故事想说明的，还不止这些。

庄子说，那只乌龟确实很神，活着的时候能够托梦给国王，死了以后用来占卜也百发百中。但是神明如此又怎么样呢？算不出自己会死于非命。

这就叫：

知有所困，神有所不及。

知读如智，意思也是智。也就是说，人的认知能力是有限的，就连神明也不可靠。更重要的是，最难的还不是认识世界，而是认识自己，不信请看那神龟。

那该怎么办啊？

去小知而大知明。

抛弃小聪明，就能有大智慧。

因此必须记住：

无用之用，是为大用。

明白这一点，就是大智慧。

只知有用之用，不知无用之用，是小聪明。

小聪明成不了大事业。

照这么说，没用就好？

也不见得。庄子还有一个故事。

本节故事见《庄子·外物》
本节部分引文见《庄子·人间世》

不会叫的雁

有一次，庄子游山。

山上有棵大树，枝繁叶茂生机勃勃。但，尽管伐木工人就在旁边，却谁也不动它。庄子问为什么，得到的回答是：这棵树不成材，没什么用。

于是庄子说：难怪此树能够终其天年啊！

下山以后，庄子住到了朋友家。

朋友很高兴，吩咐仆人杀只雁招待他。

仆人问：杀那只会叫的，还是不会叫的？

朋友说：不会叫的。

第二天，学生问庄子：山上那棵树，由于没有用而活到今天；现在这雁，又因为没有用而一命呜呼。那么请问，究竟该有用呢，还是没用？好像都不对。

如此两难，先生又将何以自处？

庄子大笑说：哈哈，那就有用无用之间吧！

这样啊？

不，开玩笑的。

因为接下来，庄子还说了这样一句话：

材与不材之间，似之而非也，故未免乎累。

意思也很清楚：游走于有用无用之间，看起来聪明伶俐，其实是小聪明。道理很简单，且不说能不能做到处于材与不材之间，就算能够，那二者之间的分寸尺度也会让你伤透脑筋，甚至成为新的问题。

结果是什么呢？

仍然摆脱不了困境。

所以，答案不是有用，不是没用，还不是既有用又没用，也不是处于有用和无用之间，而是：

根本就不要去想有用没用。

这才是正道。

是啊，为什么要想呢？

你看濠水里的那些鱼，想过吗？

还有草原上的马，想过吗？

都没有。

那你为什么要去想？

不想就自由，就本真，想了反倒坏事。

谓予不信，不妨再讲多脚虫。

只不过，这故事不是庄子的。

某天，一只麻雀遇到了多脚虫。麻雀因为自己只有两条腿，未免自惭形秽。羡慕嫉妒恨的它便不怀好意地对多脚虫说：请问尊敬的多脚虫先生，当你的第一条腿抬起来的时候，第四十九条腿在干什么呢？

多脚虫歪着脑袋想了又想，答不上来。

结果是什么呢？

多脚虫不会走路了。

你看，有些问题是不是不要去想？

但，不想问题恐怕也不行。人为万物之灵，思考是天赋的权利。如果浑浑噩噩稀里糊涂，整天只知道吃了睡睡了吃，跟猪有什么两样？

那该如何理解？

有些问题不要想。

因为并非所有问题都能想得清楚。

思考也只是认识世界的途径之一，不是唯一。

所以，除了思考，还要另辟蹊径。

什么途径？

感悟

用什么感悟？

心啊！

不信你看前面那个故事里，单足兽和多脚虫，还有蛇和风什么的，都说个没完，唯独心不说话。

为什么呢？

因为心有大智慧，其他的都只有小聪明。

此话怎讲？

首先，单足兽和多脚虫它们，还有老猴子，都很在意有用没用，也很在意有什么和没什么。结果呢？要么羡慕，要么怜悯，要么炫耀，都没品位。

相比之下，任人评说的心是不是更智慧？

其次，**聪明过脑，智慧走心**，这就是聪明与智慧的区别。过脑就是思考，思考就要借助语言，所以单足兽它们喋喋不休。走心则是感悟，依靠直觉，只需要心领神会就行，所以心默默无语。

这可真是高下立判。

那么，心感悟到什么了？

道

这是《庄子》的核心内容。毕竟，庄子是道家学派的代表人物。悟道，是重中之重。

但，能够感悟到道的，为什么是心？

因为心与道通。

请问，有故事吗？

有，而且也在原野。

本节故事见《庄子·山木》

道的故事

独与天地精神往来

痴人说梦梦痴人，
河神居然见海神。
望洋兴叹欲断魂。

去无踪也来无影，
大宇宙变小品文。
芝麻芝麻快开门！

梦中的蝴蝶

有一次，庄子梦见自己变成了蝴蝶。

那是一只多么可爱的蝴蝶呀！翻动着小翅膀在花丛里飞呀飞，完全忘了自己是庄周。突然醒过来，却发现自己还是庄周。这就真不知道，究竟是庄周做梦变成了蝴蝶呢，还是蝴蝶做梦变成了庄周。

这个故事非常精彩。

原文是：

昔者庄周梦为胡蝶（蝴蝶），栩栩然胡蝶也，自喻适志与！不知周也。俄然觉，则蘧蘧然周也。不知周之梦为胡蝶与，胡蝶之梦为周与？

这段话的文学性是非常强的。

栩（读如许）栩是欣然自得。

蘧（读如渠）蘧是惊醒诧异。

俄然，猛地一下。

梦见自己变成蝴蝶时，就像真的是蝴蝶，那份惬意只能叫栩栩然。醒来以后，发现自己仍然是庄周，这种无法言传的若有所失，也只能叫蘧蘧然。

这完全可以看作是文笔优美的微型小说。

庄周梦蝶，也成为一个典故。

哇，庄子太会做梦了。

但，梦就是梦，哪有什么会做不会做？

也只有会不会说的。

没错，庄子真是会说。

他也不是痴人说梦，得叫哲人说梦。

庄子说，你们知道做梦的人吗？梦里面喝酒，醒来却痛哭流涕；梦里哭得泪流满面，醒来以后又高高兴兴去打猎。在梦中的时候，他不知道自己在做梦。弄不好还会边做梦边思考：这个梦是什么意思啊？我为什么会做这样一个梦？等到醒来，才知道这些都是梦。

就连我说你做梦，也是梦。

哇，精彩！

精彩得就像薛定谔的猫。

薛定谔是奥地利物理学家。他曾设想，一个密室里有一只猫、原子核和毒气装置。原子核一旦衰变，就会触发机关，启动毒气装置，猫也就会死。

问题是，我们只知道原子核会衰变，却不知道什么时候衰变。衰变很可能是分分钟的事。也就是说，猫的死活各占百分之五十的概率，一半对一半。

那么请问，现在它是死是活？

没问题，把毒气装置换成喷水装置好了，实验照样进行：原子核衰变，喷水装置启动，干猫就会变湿猫，概率仍然各占百分之五十。那么请问，在随机取样的任意时刻，它是干的还是湿的？

打开看看不就行了？

对不起，那就不再是密室。

实验条件变了，结果当然不算数。

所以，这是思想实验，也就是只能想象的实验。

这就叫薛定谔的猫（Schrödinger's Cat）。

那么，这猫到底是干的还是湿的？

既是干的也是湿的。

而且，这完全可能。

光，就既是粒子也是波。

蝴蝶呢？是庄周变成蝴蝶，还是蝴蝶做梦？

一般人会说：当然是庄子做梦变成了蝴蝶。但他们这样说，仅仅因为自己是人。如果这故事是一只蝴蝶讲给一群蝴蝶听的，想想看会得出什么结论？

有人会说：这不可能。蝴蝶不做梦。

哈哈！你不是蝴蝶，怎么知道它不做梦？

这就又回到了开始那个鱼的故事。

其实这两个故事不一样。快乐是心理状态，蝴蝶的故事却在说存在方式。我们知道，在微观世界里，一个电子可以既在 A 点又在 B 点，这在量子力学中就叫作叠加态。如果把庄子的梦设想为电子，那么它不就既可以在庄子头脑里，又可以在蝴蝶头脑里吗？

怎么，庄子是量子力学家？

当然不。准确地说，他是诗人也是哲学家，或者说诗人哲学家。不过在人类智慧的最高境界，诗和哲学跟物理学其实是相通的，就像音乐与数学。实际上在那个层面，日常思维方式没有用，只能靠心去感悟。

一根筋认死理的，都是痴人。

庄子，就是梦说痴人。

所以他才会说：就连我说你在做梦，也是梦。

为什么？

因为我们都是薛定谔的猫。

不过这样说，太累了。

那么，听段音乐如何？

本节故事见《庄子·齐物论》

原野的风

原野里有风。

大风起于无形之中，庄子把它看作世上最宏伟也最美妙的音乐。他说：那天地之间喷将出来的大气流就叫作风啊！这风不吹则已，吹起来就万管齐鸣。因此庄子把它叫作天籁，也就是大自然的管弦乐。

他的描述，则是散文诗。

庄子说：

你，难道没有听过长风的声音吗？

那群山千岩万壑，大树百孔千疮。

孔穴有的像鼻子，

有的像嘴巴，

有的像耳朵，

有的像柱头的方孔，

有的像牛羊的圈栏，

有的像舂米的石臼，

有的像洼地，

有的像浅坑。

风从这些孔穴穿过，

发出的声音有的像飞流直下，

有的像箭在飞行，

有的像大声呵斥，

有的像轻轻呼吸，

有的像厉声尖叫，

有的像号啕大哭，

有的像发自深谷，

有的像发自怨妇。

前面吹着，后面跟着；
前面唱着，后面和着。
如果是微风，就轻轻地哼；
如果是狂风，就高声地唱。

可是，只要风在刹那间停下，就万籁俱寂，一点儿声音都没有了。然而在这个时候，你就去看看那些树呀草呀叶子呀，大的也好，小的也罢，不都还在那里翩然起舞，尽情摇摆，展现出千姿百态吗？

最后一句的原文是：

独不见之调调之刁刁乎？

调调，就是树枝大摆。

刁刁，则是树叶微动。

庄子，不但是音乐家，也是画家，更是用心去感悟世界的诗人哲学家，这才会把风描写得那样生动，也才会有如此简单朴素又大气磅礴的话语：

夫大块噫气，其名为风。

这可真是感人至深。

我们也用心感悟吧！

本节故事见《庄子·齐物论》

河神与海神

每到秋天，黄河上游就会下雨。

大雨滂沱，灌满水的大小川流汇入黄河，黄河之水变得非常浩大。站在岸边或水中的沙洲远远望去，已经完全分不清对面的牲口是牛是马。

黄河之神欣然自得。

在他看来，天下之美都在自己这里了。

于是，这位名叫河伯的黄河之神，便顺着河流往东来到北海，却突然发现北海之水浩渺无边，与蓝天相连，不见际涯，根本就不是黄河可以比的。

河伯目瞪口呆，望洋兴叹。

没错，这个成语就从这里来，原意是河伯一改自鸣得意的态度，眺望大洋对海神发出感叹。

海神叫北海若。

河伯说：人们总是嘲笑某些人，知道些什么就以为老子天下第一，说的恐怕就是我这种人吧！今天我才算知道什么叫难以穷尽。如果没到您的门口，那可就麻烦大了，我将永远见笑于大方之家啊！

大方之家也是出自这里。

意思是得道之人，简称方家。

那么，听了河伯的话，北海若怎么说？

他说，认识是由环境决定的，所以井底之蛙不可能知道海，夏天的虫不可能知道冰。你现在离开黄河来到这里，就可以讨论什么是大了。天下之水，可以说莫大于海。海纳百川，却从来就没有装满过。同样，也从来就没干枯过。由于大，海并不知道春夏秋冬，也不知道旱灾水灾，这是江河湖泊永远都无法企及的。

那么，海就是世界上最大的吗？

北海若说：怎么可能！与天地相比，北海就像山上的小树小石头。我只知道自己渺小，哪里还敢自大？

接下来，北海若算了一笔账：

四海之于天地，不过沼泽地里一个小细孔。

中国之于天下，不过大粮仓里一颗小米粒。

世上物种数以万计，人只是其中之一。

人之所处，也不过宜居之地。

与天地万物相比，岂非马身上的毫毛？

河伯问：以天地为大，毫末为小，行吗？

北海若说：也不行。因为世间万事万物，数量不可穷尽。时间没有休止，分野变动不居，也不知道那起点和终点在哪里。那么请问，你又怎么能够断定毫末就是最小的，天地就是最大的？

这是很了不起的认识。

现代科学告诉我们，不要说什么毫末，就连细胞和原子核也都并非最小。至于庄子他们说的天地，如果是指地球或太阳系，当然也不是最大的。

我们能够知道的最大，是宇宙。

那么，庄子不会说宇宙吧？

哈哈，还真说了，不过说法比较特别。

本节故事见《庄子·秋水》

宇宙的故事

中国古代也有宇宙这个词。

不过，宇和宙是两个概念。

四方上下曰宇。

古今往来曰宙。

很清楚，宇指空间，宙指时间。

后来佛教传入中国，人们又把过去、现在和未来称为世，四面八方和上下称为界，合称世界。不过在现代汉语中，世界主要指全球和人类社会。

包括地球在内的时空，则叫宇宙。

这样的宇宙，古代人是不知道的。

他们心目中，只有天地。

天是圆的，像半球形一样扣在地上。这个半球形的下面是大地和海洋，叫普天之下，简称天下。天下当然也是圆的，当中的正方形是地，地与天边的交界处则是海洋，东南西北各一个，叫四海。人类就生活在这四海之内，简称海内。海内的中心，则叫中国。

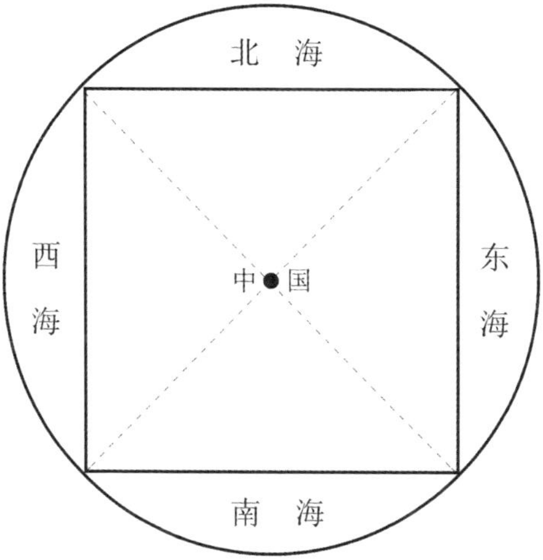

这就是中国古人的世界观。

天圆地方的世界，是有限和有边的。

庄子却要谈宇宙，他说：

有实而无乎处者，宇也；

有长而无本剽者，宙也。

照我理解，实是实体，处是地方，长是时长，本是起点，剽是终点。这句话的意思是：有实体却没有来去就叫作宇，有过程却没有始终就叫作宙。

他还说：

出无本，入无窍，有实而无乎处，有长而无乎本剽，有所出而无窍者有实。

这段话的意思是：宇宙不知道从哪里来，也不知道到哪里去，所以说有实体却没有来去。既然在空间上没有来的地方和去的地方，在时间上也就不可能有开始和结束，所以说有过程却没有始终。不过，宇宙既然实实在在地存在，那就应该有来处也有起始，只是没有或者不知道去处，这就叫：有所出而无窍者有实。

显然，这是一种接近物理学的哲学思想。

实际上，关心宇宙的是一些物理学家，他们的观点在 1929 年以前跟庄子也不乏类似之处。比方说，此前的大多数科学家都认为，宇宙没有历史，它始终一成不变地存在着。直到哈勃（Edwin Powell Hubble）通过自己的观察，才颠覆或者改变了这个传统观念。

哈勃是美国天文学家。他发现，一些云雾状的天体其实是遥远的星系，大多数遥远的星系也都一直在离我们而去，而且距离地球越远，后退的速度也越快。

这说明什么呢？

宇宙在膨胀。

因此，它原来一定很小很小。

而且，有膨胀开始的时间点。

宇宙大爆炸（Big Bang）理论诞生了。

这就至少解决了庄子所说“本”的问题。

然而这似乎并不让人欣喜。美国理论物理学家史蒂芬·温伯格（Steven Weinberg）便在他著名的《宇宙最初三分钟》中不无沮丧地说：宇宙越是被人理解就越是显得没有意义。是的，没有意义。

更早一些，美国作家马克·吐温（Mark Twain）也在《世界是为人类而造的吗》一文中说，如果将宇宙的历史看作埃菲尔铁塔，那么人类历史则不过是顶端那层薄薄的油漆。可以肯定，它绝不是建塔的目的。

那么，我们为什么还要了解宇宙？

为了看清楚自己，更好地活着。

至少，庄子是这样认为的。从黄河到北海，再到天地和宇宙，层层推进想要说明的只有一点，那就是人类的渺小。这其实也就是庄子的自知之明。想想我们在宇宙中的位置吧，那可真是微不足道。跟宇宙的浩瀚无际相比，人类的纠结还有意义吗？包括五帝的禅让，三王的纷争，儒家的忧患，墨家的操劳，也都轻如鸿毛。

当然，这并不是说，我们什么都不要干了，而是不要斤斤计较，不要患得患失，不要相互攀比，也不要神经兮兮一惊一乍。因为在道的面前，成败得失和贵贱荣辱都分文不值，根本就不必在意和烦恼。

何况在这宇宙间，人类还不是最弱小的。看看那些鸟和鱼还有蝴蝶，不都活得真实而自由吗？这就是宇宙之道的体现啊！所以，只要看清楚自己的位置，用心灵去感悟道，渺小的人类也可以活得顶天立地。

那么，怎样才能活得大气？

庄子的回答是：

独与天地精神往来。

怎么样，大气磅礴吧？

庄子虽然是诗人，却并不柔媚，也不娇嫩。

没错，我们现在看到的《庄子》这本书，并不完全是他本人的作品。包括“独与天地精神往来”这句话和海神河伯的故事，也可能是他学生所写，但这并不妨碍我们将其看作庄子的思想来继承。实际上，从扶摇直上九万里的鲲鹏，到纵论天下指点迷津的北海若，庄子的精神贯穿始终，那就是：与道同一，走向自由。

道是看不见的，但我们可以看海。

实际上，鲲鹏展翅和望洋兴叹的故事，都发生在那潮起潮落一望无际的海上。所以，我建议有条件的人都去看看海，那至少能让我们的心胸变得开阔。

去的时候，请别忘记带上这本书。

本节引文见《庄子·庚桑楚》《庄子·天下》，并请参看《淮南子·齐俗训》、《楞严经》、（英）约翰·翰兹《宇宙简史》

易中天

1947 年出生于长沙

曾在新疆工作，先后任教于武汉大学、厦门大学

现居江南某镇，潜心写作

胡永凯

1945 年生于北京

曾从事美术电影及连环画、绘本创作，多次获国内外奖项

现为中国国家画院研究员，作品被中国国家博物馆、中国美术馆收藏

庄子故事

作者 _ 易中天　　绘者 _ 胡永凯

编辑 _ 王光裕　　装帧设计 _ 于欣
技术编辑 _ 白咏明　　执行印制 _ 梁拥军　　策划人 _ 王誉

营销团队 _ 魏洋 张艺千 成芸姣

鸣谢

贺彦军

果麦
www.goldmye.com

以 微 小 的 力 量 推 动 文 明

图书在版编目(CIP)数据

庄子故事 / 易中天著 ； 胡永凯绘 . -- 杭州 : 浙江文艺出版社，2025. 6（2025.7 重印）. -- ISBN 978-7-5339-7965-2

Ⅰ . B223.5-49

中国国家版本馆 CIP 数据核字第 2025KH5384 号

庄子故事

易中天 著　胡永凯 绘

责任编辑　金荣良

装帧设计　于　欣

出版发行　浙江文艺出版社

地　　址　杭州市环城北路 177 号　　邮编 310003

经　　销　浙江省新华书店集团有限公司

　　　　　果麦文化传媒股份有限公司

印　　刷　河北鹏润印刷有限公司

开　　本　875 毫米 ×1240 毫米　1/32

字　　数　77 千字

印　　张　4.75

印　　数　25,001-35,000

版　　次　2025 年 6 月第 1 版

印　　次　2025 年 7 月第 3 次印刷

书　　号　ISBN　978-7-5339-7965-2

定　　价　39.00 元